maçã

manzana

pera

pera

laranja

naranja

limão

limón

uvas

uvas

morango

fresa

melancia

sandía

coco

coco

banana

plátano

framboesa

frambuesa

quivi

kiwi

cereja

cereza

mirtilo

arăndano

ameixa

ciruela

pêssego

melocotón

figo

higo

ananás

piña

manga

mango

dióspiro

caqui

couve-flor

coliflor

curgete

calabacín

beringela

berenjena

cenoura

zanahoria

batata

patata

couve

repollo

tomate

tomate

espinafre

espinacas

brócolos

brócoli

ervilhas

guĭsantes

abóbora

calabaza

abóbora-menina

calabaza

abacate

aguacate

alcachofra

alcachofa

cogumelo

seta

rabanete

rábano

alho

ajo

cebola

cebolla

beterraba

remolacha

alho-francês

puerro

pimento

pimiento

pimenta-malagueta

chile

espargos

espárragos